医療事務（医科）能力検定試験

過去試験＆対策問題集　3級

JN118858

●目　次

1．はじめに

　本書は，一般財団法人　日本ビジネス技能検定協会が主催する「医療事務（医科）能力検定試験」に対応できるように編集されております。ステップアップ用の問題と，過去試験を掲載しているため，徐々に本試験形式の問題に慣れることができます。

　ぜひこの1冊で，今まで学習した内容を復習し，本試験形式に慣れて，合格を勝ち取ってください。

2．検定試験について

　一般財団法人　日本ビジネス技能検定協会主催の医療事務（医科）能力検定試験は，医療事務員として必要な基礎知識やレセプト作成技術を問われる試験となっています。「個別問題」と「総合問題」で構成されており，3級の制限時間は60分です。

　配点の詳細は明らかにされていませんが，合格基準は，問題の総得点の70％を基準とし，難易度に応じて補正した点数以上となっています。個別問題と総合問題のどちらかだけ出来ていても，全体の70％は満たさないと考えられるため，バランスよく学習するようにしましょう。

個別問題（学科試験）

　筆記択一式になっています。これは，穴埋め形式の語群選択や記述，正誤の判断などです。出題範囲は，医療保険制度やしくみ，診療報酬を算定する上での基礎知識となっています。

総合問題（実技試験）

　カルテからの診療報酬明細書（レセプト）作成になります。3級は外来のみです。カルテの日付ごとに診療報酬を算定し，1枚のレセプトを作成します。3級では，レセプトの摘要欄が穴埋め形式になっているため，空欄の部分のみ記載することになります。

3．学習にあたって

　本書には，全6回分の演習問題が入っています。本試験においても，教材の持ち込み，使用が可能なため，問われている内容に該当する部分を，教材から探し出せるように演習しましょう。

　総合問題であるレセプト作成問題は，ステップアップにより，確実に実力がつくように構成されています。繰り返し演習することにより実力を高めるようにしてください。

　分からない部分はそのままにせず，教材で算定上の留意点や算定方法，レセプト記載法を再度確認し，必ず納得して学習を進めるようにしましょう。

学習ポイント

個別問題（学科試験）

　個別問題を解く際には，どの項目に関する問いであるかの判断が必要になります。その為に，教材の内容は暗記ではなく，理解しておくことが重要になります。どこに，どのような内容が書かれているのかを，しっかりと把握していきましょう。

総合問題（実技試験）

　レセプト作成は，教材を見ながら作成することはできますが，ある程度の基礎知識は必要となります。同時に算定できない項目や，年齢，時間による加算など，基礎項目はしっかりと把握しておき，スムーズに算定できるようにしましょう。

　また，問題の資料には，病院か診療所か，診療時間は何時から何時までか，などが書いてあります。見落としてしまうと，所定点数や加算点数を間違えてしまいます。患者の年齢についても，生年月日を確認し，6歳未満の場合には，加算に漏れがないように注意しましょう。

　●検定対策　第1回〜第3回について

　　本試験形式に慣れるための問題となります。問題の資料から「施設の概要」や「患者年齢」などを読み取り，算定漏れや，間違いがないようにしましょう。この検定対策用の問題で，資料からの読み取りを正確に行えるようにしてください。

　　時間を意識しながら，制限時間になったら解答とつき合わせてください。100点満点で得点集計ができるようになっていますので，得点を把握し，間違えたところは解説書にてしっかりと確認し，次の問題に進むようにしましょう。

●過去試験　第 53 回～第 55 回について

　医療事務（医科）能力検定試験で出題された試験問題になります。本試験と同様に時間を測って行ってください。個別問題と総合問題が終わっても，時間が余っているようでしたら，文章の読み間違いや解釈に間違いがないか，算定漏れがないかなど，もう一度確認をしましょう。

　制限時間になったら，解答とつき合わせてください。間違えたところは解説書にてしっかりと確認をしましょう。

```
┌─────────────────────┐
│                     │
│    問    題         │
│                     │
└─────────────────────┘
```

〔注意事項〕

1．本書の問題は診療報酬明細書（レセプト）作成のために
　創作したもので，医学的事実に基づいたものではありませ
　ん。

2．診療録の上書き（頭書き）の一部は省略されています。

3．投薬において，特に指示があるものを除き，抗不安薬や
　睡眠薬，抗うつ薬，抗精神病薬には該当しないものとしま
　す。

4．画像診断が行われた場合においては，アナログ撮影時に
　は一般フィルムを，デジタル撮影時には画像記録用フィル
　ムを使用したものとします。

5．解答用紙は，各問題の末尾に掲載しております。答え
　はすべて，解答用紙の決められた欄に記入してください。

6．制限時間は60分で，100点満点です。

7．この問題の解答は，令和6年6月1日現在施行されて
　いる法令等により答えてください。

【医療保険制度】

第1問　次の表は、ある病院(150床)の7月1日における外来患者①～⑤の診療報酬点数を表している。それぞれの法別番号及び窓口徴収額を、解答欄に記入しなさい。ただし、法別番号がない保険については「なし」と記入すること。(すべて業務外の傷病、負担割合は外来患者とする。)

患者	適　用　保　険	続柄	年齢	所得区分	診療報酬点数
①	警察共済組合	家族	30歳	―	320点
②	国民健康保険（一般）	本人	45歳	―	1,545点
③	組合管掌健康保険	家族	5歳	―	487点
④	自衛官等の療養の給付	本人	25歳	―	952点
⑤	船員保険	家族	35歳	―	1,989点

【診療報酬請求事務】

第2問　次の文章を読み、正しいものには〇印を、誤っているものには×印を解答欄に記入しなさい。

①　同時に2以上の傷病について同一診療科で再診を行った場合、再診料は1回として算定する。

②　特定疾患療養管理料は、特定疾患を主病とする患者に対して、診察に基づき計画的な診療計画を立てている場合であっても、やむを得ない事情で看護に当たっている家族等を通して療養上の管理を行ったときにおいては、算定できない。

③　同一日に、1つ目の診療科を再診で受診し、その後に他の傷病で2つ目の診療科を初診で受診した場合は、再診料のみ算定できる。

④　外来患者に対し、ビタミンC製剤の注射を行っても、特に規定する場合を除いてそれに係る薬剤料は算定することはできない。

⑤　画像診断において股関節を単純撮影した場合、その写真診断料は85点と43点の両点数で算定する。

第3問 次の資料（Ⅰ～Ⅳ）を基にして、令和6年4月分の診療報酬明細書の作成を行いなさい。

資料Ⅰ

1．施設の概要等
　　一般病院（内科・外科・小児科）
　　病床数　一般病床 120 床
　　一部負担金の徴収方法　定率制

2．診療時間
　　月曜日～金曜日　　　9 時～17 時
　　土曜日　　　　　　　9 時～12 時
　　日曜日・祝日　　　　休診

3．職員の状況
　　医師、看護職員数は医療法標準を満たしている。
　　薬剤師は常勤 1 名

4．その他
　　医事会計システムは電算化されている。
　　再診料における外来管理加算が算定できる取組みは行われているものとする。

資料Ⅱ

○○共済組合　　【家族】被扶養者
被保険者証　　　　　　　　　　　平成○年○月○日交付

記号　厚一支　番号 449　枝番　02

氏　　　　　　名　　大野　歩美
生　年　月　日　　平成 23 年 4 月 5 日
性　　　　　　別　　女
資格取得年月日　　省略
被保険者氏名　　　大野　一郎

保険者所在地　　　省略
保険者番号　　　　31130966
保険者名称　　　　省略

診　療　録

公費負担者番号						保 険 者 番 号	3	1	1	3	0	9	6	6
公費負担医療 の受給者番号						被保険者証 記号・番号	厚一支　・　449　（枝番）02							

受診者	氏　　名	大野　歩美		被保険者氏名	大野　一郎		
	生年月日	明・大・昭・㊩・令 23 年 4 月 5 日	男・㊛	資 格 取 得	昭・㊩・令　18 年　4 月　1 日		
	住　　所	電話		事業所名称			
	職　　業		被保険者 との続柄　長女	保 険 者 名 称			

傷　病　名	職　務	開　　始	終　　了	転　　帰
（主）気管支喘息	上・外	平成 28 年 6 月 10 日	年　月　日	治ゆ・死亡・中止
	上・外	年　月　日	年　月　日	治ゆ・死亡・中止
	上・外	年　月　日	年　月　日	治ゆ・死亡・中止

既往症・原因・主要症状・経過等	処方・手術・処置等
〔 3 月 ま で 省 略 〕	

既往症・原因・主要症状・経過等	処方・手術・処置等
6.4.4（木） 　昨夜から発熱 　KT　37.8℃ 　軽い発作あり 　栄養について療養管理を行う	6.4.4　（木） 　　特定疾患療養管理 　　iV ［ ネオフィリン　1A 　　　　　G　10%　　20mL 　　Rp. ［ ブリカニール　4T 　　　　　ザジテン　2C 　　　　　　　　　　　2×14T 　　薬剤情報提供 　　　（文書により提供し、手帳に記載）
6.4.16（火）	6.4.16（火） 　Rp. do　14T

既往症・原因・主要症状・経過等	処方・手術・処置等
6.4.19（金）AM 7:30 　　明け方より喘息発作（＋＋） 　　発作が治まらないため来院 　　点滴後、落ち着く 　　服薬についての療養管理を行う	6.4.19　（金） 　ソリターT3　200mL ⎫ 　　　　　　　　　　　　⎬ DIV 　ネオフィリン　1A　　⎭ 　Rp. サルタノールインヘラー　1瓶 　　薬剤情報提供 　　　（文書により提供し、手帳に記載） 　　特定疾患療養管理

診　療　の　点　数　等

コード 月日＼種別												合　計	
												点　数	負担金額
／													
／													
／													
／													
／													
／													
／													
／													
／													
／													
／													
計													

※計算のためのメモとして使用してください。

　解答は解答用紙に必ず記入してください。

薬 価 基 準

品　名	規格・単位		薬価（円）
【内用薬】　ザジテンカプセル 1 mg	1mg1 カプセル		51.30
ブリカニール錠 2 mg	2mg1 錠		6.20
【注射薬】　G	10%20mL1 管		65.00
ソリター T 3 号輸液	200mL1 瓶		134.00
ネオフィリン注 250 mg	2.5%10mL1 管	静	92.00
【外用薬】　サルタノールインヘラー 100 μg	0.16%13.5mL1 瓶		892.60

検定対策　第1回　解答用紙

【医療保険制度】

第1問

	①	②	③	④	⑤
法別番号					
窓口徴収額	円	円	円	円	円

【診療報酬請求事務】

第2問

①	②	③	④	⑤

第３問

診療報酬明細書
（医科入院外）

都道府県番号　　医療機関ｺｰﾄﾞ

令和　　年　　月分

1 医科	1 社・国	3 後期	1 単独	2 本外	8 高外一
	2 公費	4 退職	2 2併	4 六外	
			3 3併	6 家外	0 高外7

公費負担者番号①	公費負担医療の受給者番号①
公費負担者番号②	公費負担医療の受給者番号②

保険者番号		給付割合 10 9 8 7（ ）
被保険者証・被保険者手帳等の記号・番号	・　　（枝番）	

氏名	1男 2女 1明 2大 3昭 4平 5令 .　.　生
職務上の事由	1職務上 2下船後3月以内 3通勤災害

特記事項

保険医療機関の所在地及び名称

（　　床）

傷病名	(1) (2) (3)	診療開始日	(1) 年 月 日 (2) 年 月 日 (3) 年 月 日	転帰 治ゆ 死亡 中止
診療実日数	保険 日	公費① 日	公費② 日	

区分	項目		回数	点数	公費分点数
⑪ 初診	時間外・休日・深夜		回	点	
⑫ 再診	再診	×	回		
	外来管理加算	×	回		
	時間外	×	回		
	休日	×	回		
	深夜	×	回		
⑬ 医学管理					
⑭ 在宅	往診		回		
	夜間		回		
	深夜・緊急		回		
	在宅患者訪問診療		回		
	その他				
	薬剤				
⑳ 投薬	㉑ 内服 薬剤		単位		
	㉑ 内服 調剤	×	回		
	㉒ 屯服 薬剤		単位		
	㉓ 外用 薬剤		単位		
	㉓ 外用 調剤	×	回		
	㉕ 処方	×	回		
	㉖ 麻毒		回		
	㉗ 調基				
㉚ 注射	㉛ 皮下筋肉内		回		
	㉜ 静脈内		回		
	㉝ その他		回		
㊵ 処置			回		
	薬剤				
(50) 手術麻酔			回		
	薬剤				
(60) 検査病理			回		
	薬剤				
(70) 画像診断			回		
	薬剤				
(80) その他	処方箋		回		
	薬剤				

⑬

薬情　手帳

㉑

㉓

㉜

㉝ 点滴注射

療養の給付	請求 点	※決定 点	一部負担金額 円
保険			減額 割（円）免除・支払猶予
公費①	点	※ 点	円
公費②	点	※ 点	円

※ 高額療養費 円	※公費負担点数 点	※公費負担点数 点

【医療保険制度】

第1問　次の文章について、文中の（　　　）に当てはまる語句を下記の解答群から選び、解答欄に記号で記入しなさい。

　　日本の医療保険制度は大別すると、（　①　）と主に75歳以上の人を対象とした（　②　）、特定の疾病や生活困窮者等を対象とした公費負担医療の3つで成り立っている。

　　（　③　）が確立されたのは昭和36年であり、現在、（　①　）は地域保険ともいわれる（　④　）と職域保険ともいわれる（　⑤　）に分類することができる。

　　被保険者証には（　⑥　）という8桁または6桁の数字が記載されている。その構成は左から、療養の給付での区分をあらわす（　⑦　）、保険者の所在地をあらわす（　⑧　）、保険者をあらわす（　⑨　）、誤記入チェックのための（　⑩　）となっている。

```
══ 〈 解答群 〉══
  a.国民健康保険      b.検証番号        c.保険者番号       d.被保険者証
  e.保険者別番号      f.医療保険        g.保険者          h.社会保障制度
  i.保険診療          j.社会保険        k.都道府県番号     l.国民皆保険制度
  m.後期高齢者医療    n.健康保険        o.法別番号
```

【診療報酬請求事務】

第2問　次の文章を読み、正しいものには○印を、誤っているものには×印を解答欄に記入しなさい。

①　初診料、再診料においての休日加算の対象となる休日には1月2日、3日、12月29日、30日、31日も該当する。

②　投薬における特定疾患処方管理加算は、条件を満たせば、初診の日より算定することができる。

③　初診の日に特定疾患療養管理を行った場合は、特定疾患療養管理料を算定できる。

④　150床の病院で、現在診療中の6歳未満の乳幼児の看護に当たっている者から、診療時間内に電話による療養上の意見を求められて指示した場合は、再診料に乳幼児加算を算定できる。

⑤　診療所が、治療法の選択等に関して他の保険医療機関の医師の意見を求める患者からの要望を受けて、治療計画等別の医療機関において必要な情報を添付し、診療状況を示す文書を患者に提供することを通じて、患者が他の医師の助言を得るための支援を行った場合には、診療情報提供料（Ⅰ）を算定する。

第3問 次の資料（Ⅰ～Ⅳ）を基にして、令和6年5月分の診療報酬明細書の作成を行いなさい。

資料Ⅰ

```
１．施設の概要等
    一般病院（内科・外科・小児科・産婦人科・放射線科）
    病床数　一般病床 110 床
    一部負担金の徴収方法　定率制


２．診療時間
    月曜日～金曜日　　9 時～17 時
    土曜日　　　　　　9 時～12 時
    日曜日・祝日　　　休診


３．職員の状況
    医師、看護職員数は医療法標準を満たしている。
    薬剤師は常勤 3 名


４．その他
    医事会計システムは電算化されている。
    再診料における外来管理加算が算定できる取組みは行われているものとする。
```

資料Ⅱ

```
東 京 都
国民健康保険　　有効期限　　令和○年 3 月 31 日
被 保 険 者 証
                      記号　11-13　番号 6746　枝番　00

氏　　　　名　　吉田　友則
                （よしだ）（とものり）
生 年 月 日　　昭和 51 年 7 月 8 日
性　　　　別　　男
交 付 年 月 日　令和 5 年 4 月 1 日
世 帯 主 氏 名　吉田　友則
住　　　　所　　省略
保 険 者 番 号　138115
保 険 者 名 称　大田区
```

診　療　録

公費負担者番号							保険者番号			1	3	8	1	1	5

公費負担医療の受給者番号							被保険者証記号・番号	11-13・6746 （枝番）00

受診者	氏　名	吉田　　友則			世帯主氏名	吉田　友則
	生年月日	明・大・㊒・平・令51年7月8日	㊚・女	資格取得	昭・㊤・令 16 年 4 月 1 日
	住　所	電話		事業所名称	
	職　業	被保険者との続柄	本人	保険者名称	

傷　病　名	職務	開　始	終　了	転　帰
（主）急性腹症	上・外	令和 6 年 5 月 11 日	令和 6 年 5 月 14 日	治ゆ・死亡・(中止)
	上・外	令和 年 月 日	令和 年 月 日	治ゆ・死亡・中止
	上・外	令和 年 月 日	令和 年 月 日	治ゆ・死亡・中止

既往症・原因・主要症状・経過等	処方・手術・処置等
6.5.11（土） 　昨日、夕飯後から腹部の膨満感あり 　明け方　嘔吐（＋） 　KT 37.6℃ 　X－Pデジタル撮影により実施 　お薬手帳を忘れたため、シールも提供する 6.5.13（月） 　熱が下がらない　KT 37.8℃ 　食欲がなく、下痢が昨日より続いている 　嘔吐はおさまる 　経口によるビタミン摂取ができないため、点滴 により投与 6.5.14（火） 　相変わらず食欲がない 　昼食後、嘔吐する 　KT 37.6℃ 　K病院へ紹介状作成（詳細省略）	6.5.11（土） 　腹部単純X－P（半切×2） 　検査（略） 　iv）エリーテン注 0.5% 2mL 1A 　　　G 10% 20mL 1A 　Rp）アスピリン 6g　3×4TD 　薬剤情報提供（文書） 6.5.13（月） 　DIV）ソリターT 3号 500mL 　　　ビタミンC注 500mg 2A 6.5.14（火） 　DIV）do 　診療情報提供

既往症・原因・主要症状・経過等	処方・手術・処置等

診 療 の 点 数 等

コード											合 計	
種別 月日											点 数	負担金額
／												
／												
／												
／												
／												
／												
／												
／												
／												
／												
／												
計												

※計算のためのメモとして使用してください。
　解答は解答用紙に必ず記入してください。

資料Ⅳ

薬 価 基 準

品　　名	規格・単位	薬価（円）
【内用薬】　アスピリン	10g	29.40
【注射薬】　エリーテン注 10mg/2mL	0.5%2mL1 管	56.00
G	10%20mL1 管	65.00
ソリターT 3 号輸液	500mL1 瓶	141.00
ビタミンＣ注「フソー」-500 mg	500mg1 管　　静	82.00

検定対策　第2回　解答用紙

【医療保険制度】

第1問

①	②	③	④	⑤
⑥	⑦	⑧	⑨	⑩

【診療報酬請求事務】

第2問

①	②	③	④	⑤

第3問

診療報酬明細書
（医科入院外）

令和　　年　　月分＿＿＿＿

都道府県番号　　医療機関コード

1 医科	1 社・国 3 後期	2 公費 4 退職

| 1 2 3 | 単独 2 併 3 併 | 2 4 6 | 本外 六外 家外 | 8 高外一 0 高外7 |

保険者番号　　　　　　　給付割合 10 9 8 7 ( )

被保険者証・被保険者手帳等の記号・番号　　・　　（枝番）

－					－	
公費負担者番号①				公費負担医療の受給者番号①		
公費負担者番号②				公費負担医療の受給者番号②		

氏名　　1男 2女　1明 2大 3昭 4平 5令　　．　．　生

職務上の事由　　1職務上　2下船後3月以内　3通勤災害

特記事項

保険医療機関の所在地及び名称

（　　床）

傷病名	(1)(2)(3)	診療開始日	(1) 年 月 日 (2) 年 月 日 (3) 年 月 日	転帰	治ゆ 死亡 中止	診療実日数	保険 公費① 公費②	日 日 日

⑪	初　診 時間外・休日・深夜　回	点	公費分点数
⑫ 再診	再　　診　　×　　回		
	外来管理加算　×　　回		
	時　間　外　×　　回		
	休　　日　　×　　回		
	深　　夜　　×　　回		
⑬	医学管理		
⑭ 在宅	往　　診　　回		
	夜　　間　　回		
	深夜・緊急　回		
	在宅患者訪問診療　回		
	そ　の　他		
	薬　　剤		
⑳ 投薬	㉑ 内服 薬剤　単位		
	㉑ 内服 調剤　×　回		
	㉒ 屯服 薬剤　単位		
	㉓ 外用 薬剤　単位		
	㉓ 外用 調剤　×　回		
	㉕ 処　方　×　回		
	㉖ 麻　毒　回		
	㉗ 調　基		
㉚ 注射	㉛ 皮下筋肉内　回		
	㉜ 静　脈　内　回		
	㉝ そ　の　他　回		
㊵ 処置	回		
	薬　剤		
㊿ 手術麻酔	回		
	薬　剤		
⑥⓪ 検査病理	回		
	薬　剤		
⑦⓪ 画像診断	回		
	薬　剤		
⑧⓪ その他	処　方　箋　回		
	薬　剤		

⑬ □□□□□□□□□

□□□□□□□□□

㉑ □□□□□□□□□

㉜ □□□□□□□□□

㉝ □□□□□□□□□

□□□□□□□□□

（経口による摂取が困難なため）

⑦⓪ □□□□□□□□□

療養の給付	保険	請　求　　　点	※決　定　　　点	一部負担金額　円
				減額 割（円）免除・支払猶予
	公費①	点	※　　　　　点	円
	公費②	点	※　　　　　点	円　※　高額療養費　円　※公費負担点数 点　※公費負担点数 点

- 16 -

【医療保険制度】

第1問　次の文章について、文中の（　　）に当てはまる語句を下記の解答群から選び、解答欄に記号で記入しなさい。

　（　①　）とは、病院などが保険診療を行うために（　②　）としての（　③　）を受けることと、そこで働く医師が（　④　）として（　⑤　）申請し、（　⑤　）証明を受けることである。

　保険給付には（　⑥　）（＝療養の給付）と（　⑦　）の2種類があり、（　⑧　）などが（　⑦　）に含まれる。

　また、（　②　）が（　⑨　）を行うにあたっての基準や規則を（　⑩　）といい、これには療養の給付の担当範囲や受給資格の確認などが定められている。

　〈 解答群 〉

　a.診療の具体的方針　　b.保険薬　　　　c.保険診療　　　d.現金給付
　e.指定　　　　　　　f.二重指定制度　g.保険　　　　　h.傷病手当金
　i.一部負担金　　　　j.保険請求　　　k.療養担当規則　l.保険医
　m.現物給付　　　　　n.登録　　　　　o.保険医療機関

【診療報酬請求事務】

第2問　次の文章を読み、正しいものには〇印を、誤っているものには×印を解答欄に記入しなさい。

①　画像診断において、同一の部位に対して、同時に2以上のエックス線撮影を行った場合における写真診断の費用は、第2の診断以後の診断料については各所定点数の100分の50に相当する点数により算定する。

②　入院中の患者以外の患者で6歳未満の乳幼児に対して静脈内注射を行った場合、所定点数37点に52点を加算する。

③　診療所において、高血圧症を主病とする外来患者に対して、生活習慣病管理料を算定している場合であっても、条件を満たせば、特定疾患療養管理料を算定することができる。

④　同一の患者に対して、点滴注射を1日に2回行った場合の点滴注射の手技料は、それぞれの注射に用いた薬剤の総量によって1回のみ算定する。

⑤　健康診断を目的とした受診でも、初診料は保険診療として算定する。

第3問 次の資料（Ⅰ～Ⅳ）を基にして、令和6年7月分の診療報酬明細書の作成を行いなさい。

資料Ⅰ

1．施設の概要等
　　診療所（内科・外科・整形外科）
　　一部負担金の徴収方法　定率制

2．診療時間
　　月曜日～金曜日　　9時～17時
　　土曜日　　　　　　9時～12時
　　日曜日・祝日　　　休診

3．職員の状況
　　医師、看護職員数は医療法標準を満たしている。
　　薬剤師は常勤1名

4．その他
　　医事会計システムは電算化されている。
　　再診料における外来管理加算が算定できる取組みは行われているものとする。

資料Ⅱ

東　京　都
国民健康保険　　有効期限　令和○年3月31日
被 保 険 者 証
　　　　　　　　　記号　56　番号 281　枝番　00

氏　　　　名　　竹原　慎一
　　　　　　　　（たけはら　しんいち）
生 年 月 日　　昭和 38 年1月8日
性　　　　別　　男
交 付 年 月 日　平成 20 年4月1日
世 帯 主 氏 名　竹原　慎一
住　　　　所　　省略
保 険 者 番 号　138016
保 険 者 名 称　千代田区

診　療　録

公費負担者番号								保 険 者 番 号			1	3	8	0	1	6
公費負担医療 の受給者番号								被保険者証 記号・番号		56 ・ 281 　（枝番）00						

受診者	氏　　名	竹原　慎一				世帯主氏名	竹原　慎一				
	生年月日	明・大・㊐・平・令 38 年 1 月 8 日		㊚・女		資格取得	昭・㊤・令 20 年 4 月 1 日				
	住　　所	電話				事業所名称					
	職　　業		被保険者 との続柄	本人		保険者名称					

傷　病　名	職務	開　　始	終　　了	転　　帰
（主）変形性膝関節症（両側）	上・外	平成 30 年 9 月 12 日	令和　年　月　日	治ゆ・死亡・中止
急性咽頭炎	上・外	令和 6 年 7 月 26 日	令和　年　月　日	治ゆ・死亡・中止
	上・外	令和　年　月　日	令和　年　月　日	治ゆ・死亡・中止

既往症・原因・主要症状・経過等	処方・手術・処置等
〔 6 月 ま で 省 略 〕	
6.7.2（火）（整形外科） 　膝の痛みは時々でるが、以前ほどではない 　療養上の指導を実施（詳細省略） 　消炎鎮痛等処置（マッサージ）実施	6.7.2（火） 　アナログ撮影 　　右膝Ｘ－Ｐ 六ツ切１枚（2分画） 　　左膝Ｘ－Ｐ 六ツ切１枚（2分画） 　慢性疼痛疾患管理（初回 平成 30 年 9 月 12 日） 　Rp）ボルタレンゲル 10g 　　薬剤情報提供 　　　（文書により提供し、手帳に記載）
6.7.6（土）（整形外科） 　特に変化なし	6.7.6（土） 　消炎鎮痛等処置（マッサージ）実施
6.7.9（火）（整形外科） 　特に変化なし	6.7.9（火） 　消炎鎮痛等処置（マッサージ）実施
6.7.13（土）（整形外科） 　天気が悪くなったので少し痛む	6.7.13（土） 　消炎鎮痛等処置（マッサージ）実施
6.7.16（火）（整形外科） 　痛み軽減	6.7.16（火） 　消炎鎮痛等処置（マッサージ）実施

既往症・原因・主要症状・経過等	処方・手術・処置等
6.7.23（火）（整形外科） 　特に変化なし 6.7.26（金）（内科） 　熱が急に上がった 　BT 38.6℃ 　咳（＋＋）　のどハレ（＋）	6.7.23（火） 　消炎鎮痛等処置（マッサージ）実施 6.7.26（金） 　Rp）カロナール錠　200mg 6T 　　　セファレキシン錠　3T　　　　分3×5TD 　　　ランクリック錠　3T 　　　アクロマイシントローチ　20T 　薬剤情報提供 　　　（文書により提供し、手帳に記載）

診 療 の 点 数 等

コード 種別 月日												合　計	
												点　数	負担金額
／													
／													
／													
／													
／													
／													
／													
／													
／													
／													
／													
／													
計													

※計算のためのメモとして使用してください。

　解答は解答用紙に必ず記入してください。

薬 価 基 準

品　　名	規格・単位	薬価（円）
【内用薬】　カロナール錠 200	200mg1 錠	7.60
セファレキシン錠 250「日医工」	250mg1 錠	10.70
ランクリック錠 25 ㎎	25mg1 錠	5.60
【外用薬】　アクロマイシントローチ 15 ㎎	15mg1 錠	9.30
ボルタレンゲル 1%	1%1g	7.40

検定対策　第3回　解答用紙

【医療保険制度】

第1問

①	②	③	④	⑤
⑥	⑦	⑧	⑨	⑩

【診療報酬請求事務】

第2問

①	②	③	④	⑤

検定対策　第3回　解答用紙

第3問

診療報酬明細書
（医科入院外）

令和　　年　　月分＿＿＿＿

都道府県番号	医療機関コード	1 医科	1 社・国 2 公費	3 4	後期 退職	1 2 3	単独 2 併 3 併	2 4 6	本外 六外 家外	8 高外一 0 高外7

保険者番号　　　　　　　　　給付割合 10 9 8 7 （ ）

被保険者証・被保険者手帳等の記号・番号　　　　　・　　　（枝番）

	－			－		
公費負担者番号①				公費負担医療の受給者番号①		
公費負担者番号②				公費負担医療の受給者番号②		

氏名　　1男 2女　1明 2大 3昭 4平 5令　．．　生

特記事項

保険医療機関の所在地及び名称

職務上の事由　1職務上　2下船後3月以内　3通勤災害

（　　　床）

傷病名	(1) (2) (3)			診療開始日	(1)　年　月　日 (2)　年　月　日 (3)　年　月　日	転帰	治ゆ 死亡 中止	診療実日数	保険 公費① 公費②	日 日 日

⑪	初　診	時間外・休日・深夜	回	点	公費分点数
⑫ 再診	再　　診	×	回		
	外来管理加算	×	回		
	時　間　外	×	回		
	休　　日	×	回		
	深　　夜	×	回		
⑬	医学管理				
⑭ 在宅	往　　診		回		
	夜　　間		回		
	深夜・緊急		回		
	在宅患者訪問診療		回		
	そ　の　他				
	薬　　剤				
⑳ 投薬	㉑ 内服 薬剤		単位		
	㉑ 内服 調剤	×	回		
	㉒ 屯服 薬剤		単位		
	㉓ 外用 薬剤		単位		
	㉓ 外用 調剤	×	回		
	㉕ 処　方	×	回		
	㉖ 麻　毒		回		
	㉗ 調　基				
㉚ 注射	㉛ 皮下筋肉内		回		
	㉜ 静脈内		回		
	㉝ その他		回		
㊵ 処置			回		
	薬　剤				
㊿ 手術麻酔			回		
	薬　剤				
⑥⓪ 検査病理			回		
	薬　剤				
⑦⓪ 画像診断			回		
	薬　剤				
⑧⓪ その他	処　方　箋		回		
	薬　剤				

⑬　　　　　　　　　　　　　　　　　　　　　　　　　　　　　　　　

⑬　　　　　　　　　　　　　　　　　　　　　　　　　　　　　　　　

㉑　　　　　　　　　　　　　　　　　　　　　　　　　　　　　　　　

㉓　ボルタレンゲル1%　1% 10ｇ　　　　　　　　　　　　　　　　　

⑦⓪　　　　　　　　　　　　　　　　　　　　　　　　　　　　　　　

左膝単純X－P （アナログ撮影）
（六×1、2分画）

療養の給付	保険	請　　求	点	※決　定	点	一部負担金額　　円
	公費①		点	※	点	減額 割（円）免除・支払猶予
	公費②		点	※	点	円 ※ 高額療養費 円 ※公費負担点数 点 ※公費負担点数 点

- 24 -

第53回

医療事務（医科）能力検定試験　3級

〔注意事項〕

1．解答用紙の決められた欄に，試験地，受験番号，氏名を
　記入してください。

2．答えはすべて解答用紙の決められた欄に記入して下さい。

3．制限時間は60分で，100点満点です。

4．この試験問題の解答は，令和6年6月1日現在施行され
　ている法令等により答えてください。

5．この試験問題は診療報酬明細書（レセプト）作成のた
　めに創作したもので，医学的事実に基づいたものではあ
　りません。

6．診療報酬点数表等の参考資料の使用を認めます。

※令和6年6月1日現在の診療報酬点数に沿い改訂してあ
　ります。

【個別問題】

第1問 次の表は、ある病院（170床）の3月22日における外来患者①～⑤の診療報酬点数を表している。それぞれの法別番号及び窓口徴収額を、解答欄に記入しなさい。ただし、法別番号がない保険については「なし」と記入すること。（すべて業務外の傷病とする）

患者	適用保険	続柄	年齢	診療報酬点数
①	国民健康保険（一般）	本人	18歳	1,816点
②	船員保険	家族	46歳	968点
③	地方公務員等共済組合	本人	28歳	777点
④	警察共済組合	本人	38歳	1,481点
⑤	全国健康保険協会管掌健康保険	家族	2歳	2,683点

第2問 次の文章を読み、正しいものには○印を、誤っているものには×印を解答欄に記入しなさい。

① 医科診療と歯科診療が併設されている保険医療機関を受診した場合、両方の診療を受けても再診料は1回として算定する。

② 耳鼻咽喉科特定疾患指導管理料の算定対象となる患者の年齢は、15歳以下である。

③ 外来患者に対して、うがい薬のみを投薬した場合、投薬料の算定はできない。

④ エックス線診断料において、肩胛骨を撮影した場合の診断料は85点を算定する。

⑤ 患者が異和を訴え診療を求めた場合、診断の結果、疾病と認める徴候がない場合は、初診料は算定できない。

問題　次の資料（Ⅰ～Ⅳ）を基にして、令和6年3月分の診療報酬明細書を作成しなさい。

資料Ⅰ

```
1．施設の概要等
　　無床診療所（内科、整形外科）
　　一部負担金の徴収方法　定率制


2．診療時間
　　月曜日～土曜日　　　9時～17時
　　日曜日・祝日　　　　休診


3．職員の状況
　　医師、看護職員数は医療法標準を満たしている。
　　薬剤師は常勤1名


4．その他
　　医事会計システムは電算化されている。
　　各診療日には患者の診察所見や療養上の注意の説明を行っている。
```

資料Ⅱ

```
健 康 保 険
被保険者証　　　　┌──────┐
（被保険者）　　　│　本人　│
　　　　　　　　　└──────┘
　　　　　　　　　　記号　6874　番号 30　枝番　00

氏　　　　　　名　　目黒　雅紀
　　　　　　　　　　（めぐろ　まさき）
生　年　月　日　　昭和60年5月23日
性　　　　　　別　　男
資格取得年月日　　令和2年4月1日

事 業 所 名 称　　省略
保 険 者 所 在 地　　省略
保 険 者 番 号　　06120463
保 険 者 名 称　　省略
```

資料Ⅲ

診 療 録

公費負担者番号								保 険 者 番 号	0 6 1 2 0 4 6 3
公費負担医療の受給者番号								被保険者証記号・番号	6874・30（枝番）00

受診者	氏 名	目黒 雅紀			被保険者氏名	目黒 雅紀
	生年月日	昭和60年 5月 23日	男・女		資 格 取 得	昭・平・㋹ 2年 4月 1日
	住 所	省 略　電話			事 業 所 名 称	省 略
	職 業	省略	被保険者との続柄	本人	保 険 者 名 称	省 略

傷 病 名	職務	開 始	終 了	転 帰
（主）感冒	上・外	令和 6年 3月 22日	令和 年 月 日	治ゆ・死亡・中止
左第5趾捻挫	上・外	令和 6年 3月 28日	令和 年 月 日	治ゆ・死亡・中止
	上・外	令和 年 月 日	令和 年 月 日	治ゆ・死亡・中止

既往症・原因・主要症状・経過等	処方・手術・処置等
6.3.22（金） 　先週より咳、鼻汁の症状あり 　昨夜、発熱 　KT　37.5℃	6.3.22（金） 　im）スルピリン注射液　10%　2mL　1A 　Rp）①ラリキシン錠　3T 　　　　ムコソルバン錠　3T 　　　　アレルギン散　3g 　　　　　　　　　　　　分3×4TD 　薬剤情報提供 　　（文書により提供し、手帳に記載）
6.3.25（月） 　熱は下がったが、咳、鼻汁の症状あり 　KT　36.6℃	6.3.25（月） 　Rp）②ムコソルバン錠　3T 　　　　アレルギン散　3g 　　　　　　　　　　　　分3×4TD 　薬剤情報提供 　　（文書により提供し、手帳に記載）

	既往症・原因・主要症状・経過等		処方・手術・処置等

6.3.28（木）

　部屋の掃除をしていたところ

　タンスの角に左足の小指をぶつけた

　念のためレントゲンを撮るが異常なし

6.3.28（木）

　左足単純 X-P（4F×2）アナログ撮影

　処置（略）

　Rp）③モーラスパップ　10 枚

　薬剤情報提供

　　（文書により提供し、手帳に記載）

診 療 の 点 数 等

コード 種別 月 日											合　計	
											点　数	負担金額
／												
／												
／												
／												
／												
／												
／												
／												
／												
／												
計												

※計算のためのメモとして使用してください。

　解答は解答用紙に必ず記入してください。

薬 価 基 準

品　　名	規格・単位	薬価（円）
【内用薬】 アレルギン散 1%	1%1g	7.50
ムコソルバン錠 15mg	15mg1 錠	11.40
ラリキシン錠 250mg	250mg1 錠	31.50
【注射薬】 スルピリン注射液	10%2mL1 管	94.00
【外用薬】 モーラスパップ XR240mg	20cm×14cm1 枚	49.20

第53回　医療事務（医科）能力検定試験3級　解答用紙

試　験　地	受　験　番　号	氏　　　　　名	得　　点

【個別問題】

第1問

	①	②	③	④	⑤
法別番号					
窓口徴収額	円	円	円	円	円

第2問

①	②	③	④	⑤

【総合問題】

診療報酬明細書
（医科入院外）

令和　年　月分

都道府県番号	医療機関コード	1 医科	1 社・国　3 後期 2 公費　4 退職	1 単独 2 2併 3 3併	2 本外 4 六外 6 家外	8 高外一 0 高外7

公費負担者番号①		公費負担医療の受給者番号①	
公費負担者番号②		公費負担医療の受給者番号②	

保険者番号		給付割合　10　9　8　7（　）
被保険者証・被保険者手帳等の記号・番号	・　（枝番）	

氏名	1男　2女　1明　2大　3昭　4平　5令　．　．　生	特記事項
職務上の事由	1職務上　2下船後3月以内　3通勤災害	

保険医療機関の所在地及び名称

（　　　床）

傷病名	診療開始日	転帰	診療実日数
(1)	(1)　年　月　日	治ゆ　死亡　中止	保険　日
(2)	(2)　年　月　日		公費①　日
(3)	(3)　年　月　日		公費②　日

区分	項目				点	公費分点数
⑪ 初診	時間外・休日・深夜		回		点	
⑫ 再診	再診	×	回			
	外来管理加算	×	回			
	時間外	×	回			
	休日	×	回			
	深夜	×	回			
⑬ 医学管理						
⑭ 在宅	往診		回			
	夜間		回			
	深夜・緊急		回			
	在宅患者訪問診療		回			
	その他					
	薬剤					
⑳ 投薬	㉑ 内服 薬剤		単位			
	㉑ 内服 調剤	×	回			
	㉒ 屯服 薬剤		単位			
	㉓ 外用 薬剤		単位			
	㉓ 外用 調剤	×	回			
	㉕ 処方	×	回			
	㉖ 麻毒		回			
	㉗ 調基					
㉚ 注射	㉛ 皮下筋肉内		回			
	㉜ 静脈内		回			
	㉝ その他		回			
㊵ 処置			回			
	薬剤					
㊿ 手術麻酔			回			
	薬剤					
(60) 検査病理			回			
	薬剤					
(70) 画像診断			回			
	薬剤					
(80) その他	処方箋		回			
	薬剤					

⑬

㉑ ラリキシン錠250mg 250mg 3T
ムコソルバン錠15mg 15mg 3T
アレルギン散1% 1% 3g

ムコソルバン錠15mg 15mg 3T
アレルギン散1% 1% 3g

㉓

㉛

(70)

療養の給付	請求　点	※決定　点	一部負担金額　円
保険	点	※　点	減額　割（円）免除・支払猶予　円
公費①	点	※　点	円
公費②	点	※　点	円

※高額療養費　円　※公費負担点数　点　※公費負担点数　点

第54回
医療事務（医科）能力検定試験　3級

〔注意事項〕

1. 解答用紙の決められた欄に，試験地，受験番号，氏名を記入してください。

2. 答えはすべて解答用紙の決められた欄に記入して下さい。

3. 制限時間は60分で，100点満点です。

4. この試験問題の解答は，令和6年6月1日現在施行されている法令等により答えてください。

5. この試験問題は診療報酬明細書（レセプト）作成のために創作したもので，医学的事実に基づいたものではありません。

6. 診療報酬点数表等の参考資料の使用を認めます。

※令和6年6月1日現在の診療報酬点数に沿い改訂してあります。

【個別問題】

第1問　次の表は、ある病院（170床）の9月19日における外来患者①～⑤の診療報酬点数を表している。それぞれの法別番号及び窓口徴収額を、解答欄に記入しなさい。ただし、法別番号がない保険については「なし」と記入すること。（すべて業務外の傷病とする）

患者	適用保険	続柄	年齢	診療報酬点数
①	組合管掌健康保険	家族	2歳	1,296点
②	全国健康保険協会管掌健康保険	家族	52歳	893点
③	自衛官等の療養の給付	本人	32歳	950点
④	警察共済組合	本人	38歳	2,198点
⑤	船員保険	家族	18歳	1,726点

第2問　次の文章を読み、正しいものには〇印を、誤っているものには×印を解答欄に記入しなさい。

①　投薬料における特定疾患処方管理加算は、初診の日から1ヵ月を経過した日以降に算定することができる。

②　初診時に行った検査の結果のみを聞きに来た場合であっても、再診料を算定することができる。

③　患者が異和を訴え診療を求めた場合において、診断の結果、疾病と認める徴候がない場合は、初診料は算定できない。

④　やむを得ない事情で、看護に当たっている者から症状を聞いて薬剤を投与した場合、再診料は算定できるが、外来管理加算は算定できない。

⑤　外来患者に対して、うがい薬のみを投薬した場合、投薬料の算定はできない。

【総合問題】

問題　次の資料（Ⅰ～Ⅳ）を基にして、令和6年6月分の診療報酬明細書を作成しなさい。

資料Ⅰ

1．施設の概要等
　　無床診療所（内科、整形外科、消化器内科）
　　一部負担金の徴収方法　定率制

2．診療時間
　　月曜日～土曜日　　9時～17時
　　日曜日・祝日　　　休診

3．職員の状況
　　医師、看護職員数は医療法標準を満たしている。
　　薬剤師は常勤1名

4．その他
　　医事会計システムは電算化されている。
　　各診療日には患者の診察所見や療養上の注意の説明を行っている。

資料Ⅱ

健康保険
被保険者証
（被保険者）

【家族】

記号　713　番号 53　枝番　02

氏　　　　　名　　安田　香織（やすだ　かおり）
生　年　月　日　　平成 22 年 2 月 13 日
性　　　　　別　　女
資格取得年月日　　平成 30 年 4 月 1 日
被保険者氏名　　　安田　陽一

事業所名称　　　　省略
保険者所在地　　　省略
保険者番号　　　　06120463
保険者名称　　　　省略

資料Ⅲ

診　療　録

| 公費負担者番号 | | | | | | | | 保険者番号 | 0 | 6 | 1 | 2 | 0 | 4 | 6 | 3 |

| 公費負担医療の受給者番号 | | | | | | | | 被保険者証記号・番号 | 713 ・ 53 （枝番）02 |

受診者	氏　名	安田　香織		被保険者氏名	安田　陽一
	生年月日	平成 22 年 2 月 13 日	男・⃝女	資格取得	昭・⃝平・令 30 年 4 月 1 日
	住　所	省　略　電話		事業所名称	省　略
	職　業	省略	被保険者との続柄 長女	保険者名称	省　略

傷　病　名	職務	開　始	終　了	転　帰
（主）右足関節捻挫	上・外	令和 6 年 6 月 21 日	令和 年 月 日	治ゆ・死亡・中止
急性腸炎	上・外	令和 6 年 6 月 28 日	令和 年 月 日	治ゆ・死亡・中止
	上・外	令和 年 月 日	令和 年 月 日	治ゆ・死亡・中止

既往症・原因・主要症状・経過等	処方・手術・処置等
6.6.21（金） 母親と買い物から自転車で帰宅中に転倒 転んだ際に右足を捻る 帰宅後、右足首が腫れてきたため、来院	6.6.21（金） 右足関節単純 X-P（四ツ切×2）（アナログ撮影） 処置（略） Rp）カロナール錠200　3T　分3×6TD 　　ゲンタシン軟膏　6g 　　モーラスパップ　12枚 薬剤情報提供 （文書により提供し、手帳に記載）
6.6.26（水） 足の腫れは引いてきた	6.6.26（水） Rp）カロナール錠200　3T　分3×6TD 　　ゲンタシン軟膏　6g 　　モーラスパップ　12枚

既往症・原因・主要症状・経過等	処方・手術・処置等
6.6.28（金） 　昨夜より熱が出ており、腹痛がある 　水様の便が出ている 　KT　38.0	6.6.28（金） 　iM　ブスコパン注　1A 　Rp）ラックビー錠　3T 　　　タンニン酸アルブミン　3g　　分3×3TD 　薬剤情報提供 　　（文書により提供し、手帳に記載）

診　療　の　点　数　等

コード　種別 月日											合　計	
											点　数	負担金額
／												
／												
／												
／												
／												
／												
／												
／												
／												
／												
計												

※計算のためのメモとして使用してください。
　解答は解答用紙に必ず記入してください。

薬　価　基　準

品　　　名	規格・単位	薬価（円）
【内用薬】　カロナール錠 200	200mg1 錠	5.90
タンニン酸アルブミン	1g	7.00
ラックビー錠	1 錠	5.90
【注射薬】　ブスコパン注 20mg	2%1mL1 管	59.00
【外用薬】　ゲンタシン軟膏 0.1%	1mg1g	11.00
モーラスパップ 60mg	20cm×14cm1 枚	24.60

第54回　医療事務（医科）能力検定試験３級　解答用紙

試　験　地	受　験　番　号	氏　　　　　名	得　　点

【個別問題】

第1問

	①	②	③	④	⑤
法別番号					
窓口徴収額	円	円	円	円	円

第2問

①	②	③	④	⑤

【総合問題】

診療報酬明細書
（医科入院外）

令和　　年　　月分＿＿＿＿

都道府県番号	医療機関コード		1 医科	1 社・国 2 公費	3 4	後期 退職	1 2 3	単独 2併 3併	2 4 6	本外 六外 家外	8 高外一 0 高外7

					−				
公費負担者番号①					公費負担医療の受給者番号①				
公費負担者番号②					公費負担医療の受給者番号②				

保険者番号							給付割合	10 9 8 7 ( )

被保険者証・被保険者手帳等の記号・番号　　　　・　　（枝番）

氏名		特記事項	保険医療機関の所在地及び名称
1男 2女 1明 2大 3昭 4平 5令 ． ． 生			
職務上の事由	1職務上 2下船後3月以内 3通勤災害		

（　　　床）

傷病名	(1) (2) (3)	診療開始日	(1) 年 月 日 (2) 年 月 日 (3) 年 月 日	転帰	治ゆ 死亡 中止	診療実日数	保険 日 公費① 日 公費② 日

⑪	初　診	時間外・休日・深夜	回	点	公費分点数

⑬ 　［　　　　　　　　　　　　　　　］　　　　［　　　　］

㉑ 　［　　　　　　　　　　　　　　　］　　　　［　　　　］

⑫ 再診	再　　診	×	回
	外来管理加算	×	回
	時　間　外	×	回
	休　　　日	×	回
	深　　　夜	×	回

　［　　　　　　　　　　　　　　　］　　　　　　　　［　　　　］

⑬	医学管理	

⑭ 在宅	往　　診	回
	夜　　間	回
	深夜・緊急	回
	在宅患者訪問診療	回
	そ　の　他	
	薬　　剤	

㉓ 　ゲンタシン軟膏0.1%　1mg　6g　　　　　　　［　　　　］

　　　モーラスパップ60mg　20cm×14cm　12枚　［　　　　］

⑳ 投薬	㉑ 内服	薬剤		単位
		調剤	×	回
	㉒ 屯服	薬剤		単位
	㉓ 外用	薬剤		単位
		調剤	×	回
	㉕ 処　方		×	回
	㉖ 麻　毒			回
	㉗ 調　基			

㉛ 　［　　　　　　　　　　　　　　　］　　　　［　　　　］

⑦⓪ 　［　　　　　　　　　　　　　　　］　　　　［　　　　］

㉚ 注射	㉛ 皮下筋肉内	回
	㉜ 静脈内	回
	㉝ その他	回

㊵ 処置		回
	薬　剤	

㊿ 手術麻酔		回
	薬　剤	

⑥⓪ 検査病理		回
	薬　剤	

⑦⓪ 画像診断		回
	薬　剤	

⑧⓪ その他	処　方　箋	回
	薬　剤	

療養の給付	保険	請　　求	点	※	決　　定	点	一部負担金額 円
	公費①		点	※		点	減額 割(円)免除・支払猶予 円
	公費②		点	※		点	円 ※高額療養費 円 ※公費負担点数 点 ※公費負担点数 点

第５５回

医療事務（医科）能力検定試験　３級

〔注意事項〕

1．解答用紙の決められた欄に，試験地，受験番号，氏名を
　記入してください。

2．答えはすべて解答用紙の決められた欄に記入して下さい。

3．制限時間は60分で，100点満点です。

4．この試験問題の解答は，令和6年6月1日現在施行され
　ている法令等により答えてください。

5．この試験問題は診療報酬明細書（レセプト）作成のた
　めに創作したもので，医学的事実に基づいたものではあ
　りません。

6．診療報酬点数表等の参考資料の使用を認めます。

※令和6年6月1日現在の診療報酬点数に沿い改訂してあ
　ります。

【個別問題】

第1問 次の表は、ある病院（100床）の1月12日における外来患者①〜⑤の診療報酬点数を表している。それぞれの法別番号及び窓口徴収額を、解答欄に記入しなさい。ただし、法別番号がない保険については「なし」と記入すること。（すべて業務外の傷病とする）

患者	適用保険	続柄	年齢	診療報酬点数
①	国家公務員共済組合	家族	20歳	3,468点
②	国民健康保険（一般国保）	本人	49歳	1,375点
③	組合管掌健康保険	本人	37歳	834点
④	日本私立学校振興・共済事業団	家族	3歳	2,973点
⑤	全国健康保険協会管掌健康保険	家族	16歳	961点

第2問 次の文章を読み、正しいものには〇印を、誤っているものには×印を解答欄に記入しなさい。

① 慢性疼痛疾患管理料を算定した場合には、再診料において外来管理加算を算定できない。

② 他の医療機関で撮影されたフィルムを診断した場合でも、時間外緊急院内画像診断加算は算定できる。

③ 注射料において、毒薬を注射した場合、手技料と併せて麻薬注射加算の5点を算定することができる。

④ 投薬料において、同時に内服薬と屯服薬を処方した場合、調剤料は11点を2回算定できる。

⑤ 複数の科を設置している保険医療機関において、外来患者がいくつかの科を受診し、一方の科で処置を行った場合、他の科では外来管理加算を算定することはできない。

【総合問題】

問題　次の資料（Ⅰ～Ⅳ）を基にして、令和6年1月分の診療報酬明細書を作成しなさい。

資料Ⅰ

1．施設の概要等
　　一般病院（内科、外科、小児科）
　　病床数　一般病床　100床
　　一部負担金の徴収方法　定率制

2．診療時間
　　月曜日～土曜日　　9時～17時
　　日曜日・祝日　　　休診

3．職員の状況
　　医師、看護職員数は医療法標準を満たしている。
　　薬剤師は常勤1名

4．その他
　　医事会計システムは電算化されている。
　　各診療日には患者の診察所見や療養上の注意の説明を行っている。

資料Ⅱ

健康保険　被保険者証
（被保険者）

本人

記号　5043421　番号　112　枝番　00

氏　　　　　名　　阿部　由美（あべ　ゆみ）
生　年　月　日　　昭和61年11月13日
性　　　　　別　　女
資格取得年月日　　平成19年4月1日

事業所名称　　省略
保険者所在地　　省略
保険者番号　　06132039
保険者名称　　省略

資料Ⅲ

診　療　録

公費負担者番号							保険者番号	0 6 1 3 2 0 3 9
公費負担医療 の受給者番号							被保険者証 記号・番号	5043421・112（枝番）00

受診者	氏　名	阿部　由美			被保険者氏名	阿部　由美
	生年月日	昭和 61 年 11 月 13 日		男・⼥	資格取得	昭・㊩・令 19 年 4 月 1 日
	住　所	省　略 電話			事業所名称	省　略
	職　業	省略	被保険者 との続柄	本人	保険者名称	省　略

傷　病　名	職務	開　　始	終　　了	転　　帰
（主）喘息	上・外	令和 5 年 10 月 16 日	令和　年　月　日	治ゆ・死亡・中止
急性胃腸炎	上・外	令和 6 年 1 月 22 日	令和 6 年 1 月 26 日	治ゆ・死亡・中止
	上・外	令和　年　月　日	令和　年　月　日	治ゆ・死亡・中止

既往症・原因・主要症状・経過等	処方・手術・処置等
6.1.17（水） 　昨夜より熱と喘息の症状が出ている 　KT　37.9℃ 　栄養について指導を行う 6.1.22（月） 　昨夕から腹痛あり 　水様の便が出ている 　KT　37.8℃	6.1.17（水） 　iV　ネオフィリン注　10mL　1A 　Rp）テオドール錠　4T 　　　テオフィリン　4C　　　分2×10TD 　薬剤情報提供 　（文書により提供し、手帳に記載） 　特定疾患療養管理 6.1.22（月） 　腹部単純X-P（デジタル撮影）（大角×2） 　Rp）セファクロル　4C　分2×4TD 　薬剤情報提供 　（文書により提供し、手帳に記載）

既往症・原因・主要症状・経過等	処方・手術・処置等
6.1.26（金） 腹痛、水様の便は治まる 急性胃腸炎は治ゆとする KT　36.5℃	6.1.26（金） 診察のみ

診　療　の　点　数　等

コード												合　計	
月日＼種別												点　数	負担金額
／													
／													
／													
／													
／													
／													
／													
／													
／													
／													
計													

※計算のためのメモとして使用してください。

解答は解答用紙に必ず記入してください。

薬　価　基　準

品　　名	規格・単位		薬価（円）
【内用薬】　セファクロル 250mg カプセル	250mg1 カプセル		41.00
テオドール錠 100mg	100mg1 錠		7.40
テオフィリン徐放カプセル 100mg「サンド」	100mg1 カプセル		8.70
【注射薬】　ネオフィリン注 250mg	2.5%10mL1 管	静	94.00

第55回　医療事務（医科）能力検定試験3級　解答用紙

試 験 地	受 験 番 号	氏　　　　　名	得　点

【個別問題】

第1問

	①	②	③	④	⑤
法別番号					
窓口徴収額	円	円	円	円	円

第2問

①	②	③	④	⑤

診療報酬明細書
（医科入院外）

令和　　年　　月分＿＿＿＿

都道府県番号	医療機関コード	1 医科	1 社・国 2 公費	3 4	後期 退職	1 2 3	単独 2 併 3 併	2 4 6	本外 六外 家外	8 0	高外一 高外7

保険者番号 　　　　　　　給付割合 10 9 8 7 （ ）

被保険者証・被保険者手帳等の記号・番号　　　　　・　　　　（枝番）

| 公費負担者番号① | | 公費負担医療の受給者番号① | |
| 公費負担者番号② | | 公費負担医療の受給者番号② | |

氏名　1男 2女　1明 2大 3昭 4平 5令　　．　．　生

職務上の事由　1職務上　2下船後3月以内　3通勤災害

特記事項

保険医療機関の所在地及び名称

（　　　床）

傷病名	(1) (2) (3)		診療開始日	(1)　年　月　日 (2)　年　月　日 (3)　年　月　日	転帰	治ゆ 死亡 中止	診療実日数	保険　　　日 公費①　日 公費②　日

⑪ 初　診　時間外・休日・深夜　　回　　点	公費分点数		
⑫ 再診	再　　　　診　×　　回		⑬
	外来管理加算　×　　回		
	時　間　外　×　　回		
	休　　　日　×　　回		
	深　　　夜　×　　回		
⑬ 医学管理			
⑭ 在宅	往　　　　診　　回		㉑ テオドール錠100mg　100mg 4T テオフィリン徐放カプセル100mg「サンド」 100mg 4C
	夜　　　　間　　回		
	深夜・緊急　　回		
	在宅患者訪問診療　　回		㉜
	そ　の　他		
	薬　　　剤		⑦
⑳ 投薬	㉑内服 薬剤　　　単位		
	調剤　×　回		
	㉒屯服 薬剤　　　単位		
	㉓外用 薬剤　　　単位		
	調剤　×　回		
	㉕処　　方　×　回		
	㉖麻　　毒　　回		
	㉗調　　基		
㉚ 注射	㉛皮下筋肉内　　回		
	㉜静脈内　　回		
	㉝その他　　回		
㊵ 処置	回		
	薬　　剤		
㊿ 手術麻酔	回		
	薬　　剤		
㊽ 検査病理	回		
	薬　　剤		
⑦ 画像診断	回		
	薬　　剤		
⑧ その他	処　方　箋　　回		
	薬　　剤		

療養の給付	保険	請　　求　　　　点	※決　　定　　　　点	一部負担金額　　円	
				減額 割（円）免除・支払猶予	
	公費①	点	※ 点	円	
	公費②	点	※ 点	円 ※高額療養費　　円 ※公費負担点数 点 ※公費負担点数 点	

解答・解説

〔注意事項〕

1．本書の問題は診療報酬明細書（レセプト）作成の
ために創作したもので，医学的事実に基づいたもの
ではありません。

2．解答の点数等は令和6年6月1日現在の診療報酬
点数に基づいて作成されたものです。

解答・解説

検定対策　第1回　模範解答

【医療保険制度】
第1問　30点（各3点×10ヶ所）

	①	②	③	④	⑤
法別番号	33	なし	06	07	02
窓口徴収額	960 円	4,640 円	970 円	2,860 円	5,970 円

〈窓口徴収額算定方法〉

① 320 点×10 円×3 割＝960 円

② 1,545 点×10 円×3 割＝4,635 円→4,640 円（10 円未満四捨五入）

③ 487 点×10 円×2 割＝974 円→970 円（10 円未満四捨五入）

④ 952 点×10 円×3 割＝2,856 円→2,860 円（10 円未満四捨五入）

⑤ 1,989 点×10 円×3 割＝5,967 円→5,970 円（10 円未満四捨五入）

【診療報酬請求事務】
第2問　10点（各2点×5ヶ所）

①	②	③	④	⑤
○	×	×	○	×

〈解説〉

② 特定疾患療養管理料は、やむを得ない事情で看護に当たっている**家族等を通して**療養上の管理を行った場合にも算定できる。

③ 同一日に他の傷病で、新たに別の診療科を初診として受診した場合には、2 つ目の診療科に限り、初診料 146 点を算定できる。

⑤ 画像診断において股関節を単純撮影した場合、写真診断料は 85 点で算定する。

診療報酬明細書
（医科入院外）

令和　6年　4月分

都道府県番号 ___　医療機関コード

	1 医科	① 社・国	3 後期	①	単独	2 本外	8 高外一
		2 公費	4 退職	2 3	2 併 3 併	4 六外 ⑤ 家外	0 高外7

保険者番号	3 1 1 3 0 9 6 6	給付割合	10 9 8 7（ ）

被保険者証・被保険者手帳等の記号・番号　　厚一支・449（枝番）02

公費負担者番号①		公費負担医療の受給者番号①	
公費負担者番号②		公費負担医療の受給者番号②	

氏名　　**大　野　歩　美**
1男 ②女　1明 2大 3昭 ④平 5令　23.4.5 生
職務上の事由　1職務上　2下船後3月以内　3通勤災害

特記事項

保険医療機関の所在地及び名称

★
（ 120 床）

傷病名	(1)　（主）気管支喘息
	(2)
	(3)

診療開始日	(1) 28 年 6 月 10 日	転帰	治ゆ 死亡 中止
	(2) 年 月 日		
	(3) 年 月 日		

診療実日数	保険	3 日
	公費①	日
	公費②	日

⑪ 初診	時間外・休日・深夜	回	点	公費分点数
⑫ 再診	再診	75 × 3回	225	
	外来管理加算	52 × 3回	156	★
	時間外	65 × 1回	65	★
	休日	× 回		
	深夜	× 回		
⑬ 医学管理			188	
⑭ 在宅	往診	回		
	夜間	回		
	深夜・緊急	回		
	在宅患者訪問診療	回		
	その他			
	薬剤			
⑳ 投薬	㉑ 内服 薬剤	28 単位	364	
	調剤	11 × 2回	22	★
	㉒ 屯服 薬剤	単位		
	㉓ 外用 薬剤	1 単位	89	
	調剤	8 × 1回	8	★
	㉕ 処方	42 × 3回	126	★
	㉖ 麻毒	回		
	㉗ 調基		14	★
㉚ 注射	㉛ 皮下筋肉内	回		
	㉜ 静脈内	1回	53	
	㉝ その他	2回	76	★
㊵ 処置		回		
	薬剤			
㊿ 手術麻酔		回		
	薬剤			
㉘ 検査病理		回		
	薬剤			
⑦ 画像診断		回		
	薬剤			
⑧ その他	処方箋	回		
	薬剤			

⑬	㊡	87 × 2	★
	薬情 手帳	7 × 2	★
㉑	ブリカニール錠2mg 2mg 4T ザジテンカプセル1mg 1mg 2C	13 × 28	★
㉓	サルタノールインヘラー100μg 0.16%13.5mL 1瓶	89 × 1	★
㉜	ネオフィリン注250mg 2.5%10mL 1A G 10%20mL 1管	53 × 1	★
㉝	点滴注射	53 × 1	★
	ソリタ-T3号輸液　200mL 1瓶 ネオフィリン注250mg 2.5%10mL 1A	23 × 1	★

療養の給付	保険	請求 点	1,386	※決定 点	一部負担金額 円
					減額 割（円）免除・支払猶予
	公費①	点		※ 点	円
	公費②	点		※ 点	円

※ 高額療養費 円　※公費負担点数 点　※公費負担点数 点

- 58 -

（大野　歩美／病院　120床・外来）

★4月4日

再　　診　　７５点＋５２点
所定点数　　外・管

医学管理　　㊙ ㋩　８７点

薬情 ４点＋ 手帳 ３点

投　　薬　　【内服薬】薬剤料１３点×１４日分

ブリカニール錠 2 mg 2 mg(6.2 円×4T)＋ザジテンカプセル 1 mg 1mg(51.3 円×2C)＝127.4 円

127.4 円÷10 円＝12.74→13 点(小数点第一位以下五捨五超入)

調剤料１１点(内服)、処方料４２点、調基１４点(薬剤師常勤)

注　　射　　【iV】手技料３７点＋薬剤料１６点

ネオフィリン注 250 mg 2.5%10mL(92 円×1A)＋G 10%20mL(65 円×1 管)＝157 円

157 円÷10 円＝15.7→16 点(小数点第一位以下五捨五超入)

★4月16日

再　　診　　７５点＋５２点
所定点数　　外・管

投　　薬　　【内服薬】薬剤料１３点×１４日分

ｄｏのため４日と同様に算定

調剤料１１点(内服)、処方料４２点

★4月19日　AM 7:30

再　　診　　７５点＋５２点＋６５点
所定点数　　外・管　　時間外

医学管理　　㊙ ㋩　８７点

薬情 ４点＋ 手帳 ３点

投　　薬　　【外用薬】薬剤料８９点×１総量

サルタノールインヘラー 100μg 0.16%13.5mL(892.6 円×1 瓶)＝892.6 円

892.6 円÷10 円＝89.26→89 点(小数点第一位以下五捨五超入)

調剤料８点(外用)、処方料４２点

注　　射　　【DIV】手技料　５３点

薬剤料　　２３点

ソリタ-T3 号輸液 200mL(134 円×1 瓶)＋ネオフィリン注 250 mg 2.5%10mL(92 円×1A)＝226 円

226 円÷10 円＝22.6→23 点(小数点第一位以下五捨五超入)

検定対策　第2回　模範解答

【医療保険制度】

第1問　30点（各3点×10ヶ所）

①	②	③	④	⑤
f	m	l	a	j

⑥	⑦	⑧	⑨	⑩
c	o	k	e	b

【診療報酬請求事務】

第2問　10点（各2点×5ヶ所）

①	②	③	④	⑤
〇	〇	×	〇	×

〈解説〉

③　初診の日から1ヶ月を経過した日以降に特定疾患療養管理を行った場合、特定疾患療養管理料を算定できる。

⑤　保険医療機関が治療法の選択等に関して他の保険医療機関の医師の意見を求める患者からの要望を受けて（いわゆるセカンドオピニオン）、別の医療機関において必要な情報を添付し、診療状況を示す文書を患者に提供した場合は、診療情報提供料（Ⅱ）を算定する。

診療報酬明細書（医科入院外）

医療機関コード	1 医科	① 社・国 2 公費	3 後期 4 退職	① 2 3	単独 2併 3併	② 4 6	本外 六外 家外	8 高外一 0 高外7

令和 6 年 5 月分　都道府県番号

保険者番号	1 3 8 1 1 5	給付割合	10 9 8 ⑦ ( )

被保険者証・被保険者手帳等の記号・番号　11－13・6746（枝番）00

公費負担者番号①
公費負担者番号②
公費負担医療の受給者番号①
公費負担医療の受給者番号②

氏名　**吉田　友則**
①男 2女　1明 2大 ③昭 4平 5令 **51・7・8** 生
職務上の事由　1職務上　2下船後3月以内　3通勤災害

特記事項

保険医療機関の所在地及び名称

(110 床)

傷病名
(1) （主）急性腹症
(2)
(3)

診療開始日
(1) 6年 5月 11日
(2) 年 月 日
(3) 年 月 日

転帰　治ゆ・死亡・（中止）

診療実日数　保険 3 日　公費① 日　公費② 日

⑪	初　診　時間外・休日・深夜	1 回	291 点	★公費分点数

⑫ 再診	再　　診	75 ×	2 回	150	★
	外来管理加算	52 ×	2 回	104	★
	時　間　外	×	回		
	休　　日	×	回		
	深　　夜	×	回		

⑬ 医学管理　254

⑭ 在宅	往　　診	回	
	夜　　間	回	
	深夜・緊急	回	
	在宅患者訪問診療	回	
	その他		
	薬　剤		

⑳ 投薬	㉑ 内服 { 薬剤		4 単位	8	
	{ 調剤	11 ×	1 回	11	★
	㉒ 屯服　薬剤		単位		
	㉓ 外用 { 薬剤		単位		
	{ 調剤	×	回		
	㉕ 処　　方	42 ×	1 回	42	★
	㉖ 麻　毒		回		
	㉗ 調　基			14	

㉚ 注射	㉛ 皮下筋肉内		回	
	㉜ 静脈内	1 回	49	
	㉝ その他	4 回	264	

| ㊵ 処置 | | 回 | |
| | 薬　剤 | | |

| ㊿ 手術麻酔 | | 回 | |
| | 薬　剤 | | |

| ⑥⓪ 検査病理 | | 回 | |
| | 薬　剤 | | |

| ⑦⓪ 画像診断 | | 1 回 | 275 |
| | 薬　剤 | | |

| ⑧⓪ その他 | 処方箋 | 回 | |
| | 薬　剤 | | |

⑬	(薬情)	4 × 1	★
	(情Ⅰ)（14日）★	250 × 1	★
㉑	アスピリン 6g ★	2 × 4	★
㉜	エリーテン注10mg/2mL 0.5%2mL 1A ★ G 10%20mL 1A	49 × 1	★
㉝	点滴注射	102 × 2	★
	ソリターT3号輸液 500mL 1瓶 ビタミンC注「フソー」－500mg 　　　　　　500mg 2A ★	30 × 2	★
	（経口による摂取が困難なため）		
⑦⓪	腹部単純X-P（デジタル撮影） （画像記録用フィルム半切×2）★	275 × 1	★

療養の給付

保険	請　求	点	※決　定	点	一部負担金額 円
	1,462				減額 割（円）免除・支払猶予
公費①	点	※	点	円	
公費②	点	※	点	円	※ 高額療養費 円　※公費負担点数 点　※公費負担点数 点

（吉田　友則／病院 110床・外来）

★5月11日

初　　診　　２９１点
　　　　　　所定点数

医学管理　⦅薬情⦆ ４点

投　　薬　【内服薬】薬剤料２点×４日分

　　　　　　　　アスピリン(29.4円×0.6)＝17.64円

　　　　　　　　17.64円÷10円＝1.764→2点(小数点第一位以下五捨五超入)

　　　　　　　調剤料１１点（内服）、処方料４２点、調基１４点（薬剤師常勤）

注　　射　【iV】手技料３７点＋薬剤料１２点

　　　　　　　　エリーテン注 10mg/2mL 0.5%2mL(56円×1A)＋G 10%20mL(65円×1A)＝121円

　　　　　　　　121円÷10円＝12.1→12点(小数点第一位以下五捨五超入)

画　　像　　腹部単純Ｘ－Ｐ(デジタル撮影)(画像記録用フィルム 半切×2) ２７５点

　　　　　　　　診断料…85点＋(85点×1/2)＝127.5→128点

　　　　　　　　撮影料…68点＋(68点×1/2)＝102点

　　　　　　　　フィルム料…45.2点→45点

★5月13日

再　　診　　７５点＋５２点
　　　　　　所定点数　　外・管

注　　射　【ＤＩＶ】手技料　１０２点

　　　　　　　　　　薬剤料　３０点

　　　　　　ソリタ-T3号輸液 500mL(141円×1瓶)

　　　　　　　　　　　　＋ビタミンC注「フソー」-500mg 500mg(82円×2A)＝305円

　　　　　　　　305円÷10円＝30.5→30点(小数点第一位以下五捨五超入)

★5月14日

再　　診　　７５点＋５２点
　　　　　　所定点数　　外・管

医学管理　⦅情Ⅰ⦆ ２５０点

注　　射　【ＤＩＶ】手技料　１０２点

　　　　　　　　　　薬剤料　３０点

　　　　　　　ｄｏのため13日と同様に算定

検定対策　第3回　模範解答

【医療保険制度】
第1問　30点（各3点×10ヶ所）

①	②	③	④	⑤
f	o	e	l	n
⑥	⑦	⑧	⑨	⑩
m	d	h	c	k

【診療報酬請求事務】
第2問　10点（各2点×5ヶ所）

①	②	③	④	⑤
○	○	×	○	×

〈解説〉

③ 生活習慣病管理を受けている患者に対して行った**医学管理等**（糖尿病合併症管理料、がん性疼痛緩和指導管理料、外来緩和ケア管理料、糖尿病透析予防指導管理料、慢性腎臓病透析予防指導管理料を除く）の費用は、生活習慣病管理料に含まれるため、特定疾患療養管理料は算定できない。

⑤ 健康診断を目的とした受診は、病気とみなされないため、保険診療の対象とならない。

第3問　60点　（　　　　　　★各3点×20ヶ所）

診療報酬明細書
（医科入院外）

令和　6　年　7　月分

都道府県番号　　　医療機関コード

1 医科	① 社・国 3 後期 2 公費 4 退職	① 単独 ② 2併 4 ③ 3併 6	② 本外 8 高外一 六外 0 高外7 家外

保険者番号　　1 3 8 0 1 6　　給付割合 10 9 8 ⑦（　）

被保険者証・被保険者手帳等の記号・番号　　56 ・ 281（枝番）00

公費負担者番号①
公費負担者番号②
公費負担医療の受給者番号①
公費負担医療の受給者番号②

氏名　竹原　慎一
①男 2女　1明 2大 ③昭 4平 5令 38.1.8 生
職務上の事由　1職務上　2下船後3月以内　3通勤災害

特記事項

保険医療機関の所在地及び名称

（　　　　床）

傷病名
(1) （主）変形性膝関節症（両側）
(2) 急性咽頭炎
(3)

診療開始日
(1) 30 年 9 月 12 日
(2) 6 年 7 月 26 日
(3) 　 年 　 月 　 日

転帰　治ゆ　死亡　中止

診療実日数
保険　7 日 ★
公費①　　日
公費②　　日

⑪	初　診	時間外・休日・深夜	回	点	公費分点数
⑫ 再診	再　診	75 × 7 回 525 ★			
	外来管理加算	× 回			
	時　間　外	× 回			
	休　日	× 回			
	深　夜	× 回			
⑬	医学管理	144			
⑭ 在宅	往　診	回			
	夜　間	回			
	深夜・緊急	回			
	在宅患者訪問診療	回			
	その他				
	薬　剤				
⑳ 投薬	㉑ 内服 薬剤	5 単位 45			
	㉑ 内服 調剤	11 × 1 回 11 ★			
	㉒ 屯服 薬剤	単位			
	㉓ 外用 薬剤	2 単位 26			
	㉓ 外用 調剤	8 × 2 回 16 ★			
	㉕ 処　方	42 × 2 回 84 ★			
	㉖ 麻　毒	回			
	㉗ 調　基	14 ★			
㉚ 注射	㉛ 皮下筋肉内	回			
	㉜ 静脈内	回			
	㉝ その他	回			
㊵ 処置	薬剤	回			
㊿ 手術麻酔	薬剤	回			
⑥⓪ 検査病理	薬剤	回			
⑦⓪ 画像診断	薬剤	2 回 320			
⑧⓪ その他	処方箋	回			
	薬剤				

⑬　疼痛　★　130 × 1 ★

薬情　手帳　★　7 × 2 ★

㉑
カロナール錠200 200mg 6T
セファレキシン錠250「日医工」250mg 3T
ランクリック錠25mg 25mg 3T
9 × 5 ★

㉓　ボルタレンゲル1% 1% 10g　7 × 1 ★

アクロマイシントローチ15mg 15mg 20T ★　19 × 1 ★

⑦⓪
右膝単純X－P（アナログ撮影）
（六×1、2分画）
160 × 1 ★

左膝単純X－P（アナログ撮影）
（六×1、2分画）
160 × 1 ★

療養の給付	保険	請求 点	※決定 点	一部負担金額 円
		1,185		減額 割（円）免除・支払猶予 円
	公費①	点	※ 点	円
	公費②	点	※ 点	円　※ 高額療養費 円　※公費負担点数 点　※公費負担点数 点

（竹原　慎一／診療所・外来）

★7月2日

　　再　　診　　７５点
　　　　　　　所定点数

　　医学管理　（疼痛）１３０点

　　　　　　　（薬情）４点＋（手帳）３点

　　投　　薬　【外用薬】薬剤料７点×１総量

　　　　　　　ボルタレンゲル 1%　1%(7.4 円×10g)＝74 円

　　　　　　　74 円÷10 円＝7.4→7 点(小数点第一位以下五捨五超入)

　　　　　　　調剤料８点(外用)、処方料４２点、調基１４点(薬剤師常勤)

　　画　　像　**右膝単純Ｘ－Ｐ(アナログ撮影)(六×1、2 分画)　１６０点**

　　　　　　　診断料…43 点＋(43 点×1/2)＝64.5→65 点

　　　　　　　撮影料…60 点＋(60 点×1/2)＝90 点

　　　　　　　フィルム料…4.8 点→5 点

　　　　　　　左膝単純Ｘ－Ｐ(アナログ撮影)(六×1、2 分画)　１６０点

　　　　　　　診断料…43 点＋(43 点×1/2)＝64.5→65 点

　　　　　　　撮影料…60 点＋(60 点×1/2)＝90 点

　　　　　　　フィルム料…4.8 点→5 点

★7月6日

　　再　　診　　７５点
　　　　　　　所定点数

　　　　　　　※慢性疼痛疾患管理料を算定しているため、同一月内に行った消炎鎮痛等処置
　　　　　　　　は所定点数に含まれ算定できない。

★7月9日

　　再　　診　　７５点
　　　　　　　所定点数

★7月13日

　　再　　診　　７５点
　　　　　　　所定点数

★7月16日
　　再　　　診　　**75点**
　　　　　　　　所定点数

★7月23日
　　再　　　診　　**75点**
　　　　　　　　所定点数

★7月26日
　　再　　　診　　**75点**
　　　　　　　　所定点数

　　　　　　　　※慢性疼痛疾患管理料を算定しているため、同一月内に外来管理加算は算定できない。

医学管理　　㊙薬情4点＋㊙手帳3点

投　　　薬　　**【内服薬】薬剤料9点×5日分**

　　　　　　カロナール錠200 200 mg(7.6円×6T)＋セファレキシン錠250「日医工」250 mg(10.7円×3T)

　　　　　　　　　　　　　　　　＋ランクリック錠25mg 25 mg(5.6円×3T)＝94.5円

　　　　94.5円÷10円＝9.45→9点(小数点第一位以下五捨五超入)

　　　　【外用薬】薬剤料19点×1総量

　　　　アクロマイシントローチ15mg 15 mg(9.3円×20T)＝186円

　　　　186円÷10円＝18.6→19点(小数点第一位以下五捨五超入)

　　　　調剤料11点(内服)・8点(外用)、処方料42点

第53回　医療事務（医科）能力検定試験3級　模範解答

【個別問題】
第1問　30点（各3点×10ヶ所）

	①	②	③	④	⑤
法別番号	なし	02	32	33	01
窓口徴収額	5,450円	2,900円	2,330円	4,440円	5,370円

〈窓口徴収額算定方法〉

① 1,816点×10円×3割＝5,448円→5,450円（10円未満四捨五入）

② 968点×10円×3割＝2,904円→2,900円（10円未満四捨五入）

③ 777点×10円×3割＝2,331円→2,330円（10円未満四捨五入）

④ 1,481点×10円×3割＝4,443円→4,440円（10円未満四捨五入）

⑤ 2,683点×10円×2割＝5,366円→5,370円（10円未満四捨五入）

第2問　10点（各2点×5ヶ所）

①	②	③	④	⑤
×	×	〇	〇	×

〈解説〉

① 医科診療と歯科診療が併設されている保険医療機関を受診した場合、両方の診療を受けても、**それぞれ別に再診料を算定する**。

② 耳鼻咽喉科特定疾患管理料の算定対象となる患者の年齢は、**15歳未満である**。

⑤ 患者が異和を訴え診療を求めた場合、診断の結果、**疾病と認める徴候がない場合**にあっても初診料を算定できる。

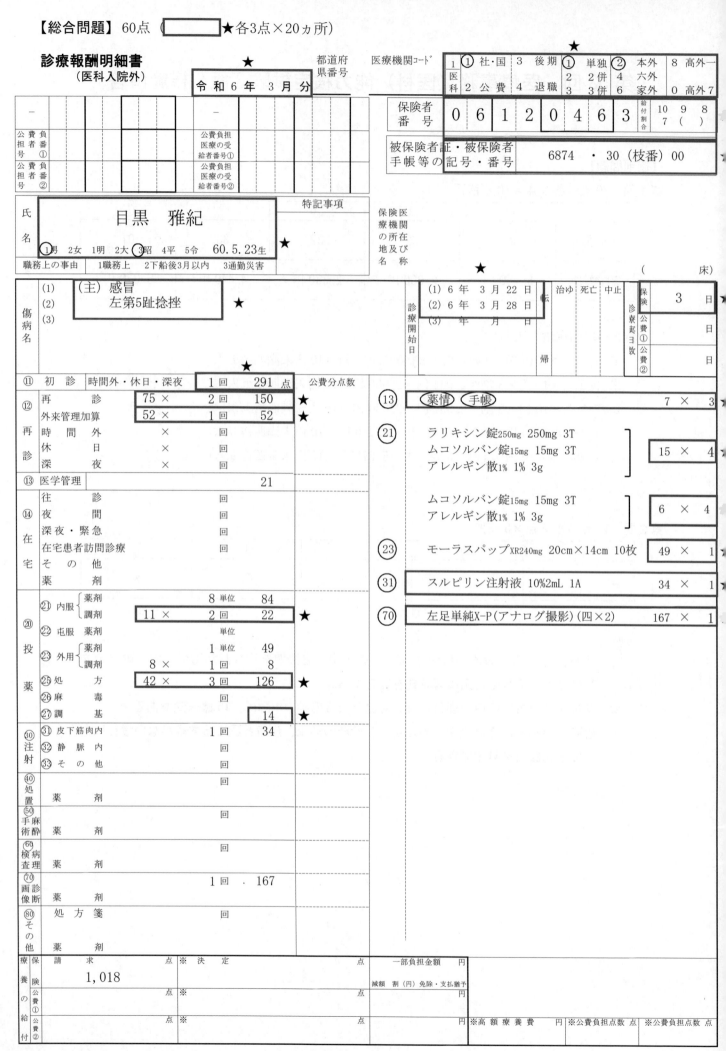

診療報酬明細書
（医科入院外）

令和6年3月分

都道府県番号

医療機関コード

	① 社・国	3 後期	① 単独	② 2 本外	8 高外一
1 医科			2	4 六外	
2 公費	2 公費	4 退職	2 3	6 家外	0 高外7

保険者番号　0 6 1 2 0 4 6 3　給付割合 10 9 8 7 ( )

被保険者証・被保険者手帳等の記号・番号　6874 ・ 30 （枝番）00

氏名　目黒　雅紀
①男 2女 1明 2大 ③昭 4平 5令 60.5.23生

職務上の事由　1職務上　2下船後3月以内　3通勤災害

特記事項

保険医療機関の所在地及び名称

傷病名
(1) (主) 感冒
(2) 　　左第5趾捻挫
(3)

診療開始日
(1) 6 年 3 月 22 日
(2) 6 年 3 月 28 日
(3) 　年　月　日

転帰　治ゆ　死亡　中止

診療実日数
保険　3 日
公費①　日
公費②　日

⑪ 初 診	時間外・休日・深夜	1回 291 点		公費分点数	

⑫ 再診	再　診	75 ×	2 回	150	★
	外来管理加算	52 ×	1 回	52	★
	時 間 外	×	回		
	休　日	×	回		
	深　夜	×	回		

⑬ 医学管理　21

⑭ 在宅
往　診　回
夜　間　回
深夜・緊急　回
在宅患者訪問診療　回
その他
薬剤

⑳ 投薬
㉑内服｛薬剤　8 単位 84
　　｛調剤　11 × 2 回 22 ★
㉒屯服 薬剤　単位
㉓外用｛薬剤　1 単位 49
　　｛調剤　8 × 1 回 8
㉕処　方　42 × 3 回 126 ★
㉖麻　毒　回
㉗調　基　14 ★

⑬ 薬情 手帳　7 × 3 ★

㉑ ラリキシン錠250mg 250mg 3T
ムコソルバン錠15mg 15mg 3T
アレルギン散1% 1% 3g　15 × 4

ムコソルバン錠15mg 15mg 3T
アレルギン散1% 1% 3g　6 × 4

㉓ モーラスパップXR240mg 20cm×14cm 10枚　49 × 1 ★

㉛ スルピリン注射液 10%2mL 1A　34 × 1

⑦ 左足単純X-P(アナログ撮影)(四×2)　167 × 1

㉚ 注射
㉛皮下筋肉内　1 回 34
㉜静脈内　回
㉝その他　回

㊵処置　回
薬剤

㊿手術麻酔　回
薬剤

⑥病理検査　回
薬剤

⑦画像診断　1 回・167
薬剤

⑧その他
処方箋　回
薬剤

療養の給付
保険　請 求　点　※ 決 定　点　一部負担金額 円
1,018
減額 割(円)免除・支払猶予
公費①　点　※　　　点　円
公費②　点　※　　　点　円　※高額療養費　円　※公費負担点数 点　※公費負担点数 点

第 53 回　医療事務（医科）能力検定試験 3 級　解説

（目黒　雅紀／無床診療所・外来）

★3 月 22 日

初　　診　　２９１点
　　　　　　　　所定点数

医学管理　　(薬情) 4 点＋ (手帳) 3 点

投　　薬　　【内服薬】① 　薬剤料１５点×４日分

　　　　　　　ラリキシン錠 250mg（31.5 円×3T）＝94.5 円

　　　　　　　ムコソルバン錠 15mg（11.4 円×3T）＝34.2 円

　　　　　　　アレルギン散 1%（7.5 円×3g）＝22.5 円

　　　　　　　　151.2 円÷10 円＝15.12→15 点（小数点第一位以下五捨五超入）

　　　　　　　調剤料１１点（内服）、処方料４２点、調基１４点（薬剤師常勤）

注　　射　　【ｉｍ】手技料２５点＋薬剤料９点

　　　　　　　スルピリン注射液（94 円×1 管）＝94 円

　　　　　　　　94 円÷10 円＝9.4 円→9 点（小数点第一位以下五捨五超入）

★3 月 25 日

再　　診　　７５点＋５２点
　　　　　　　所定点数　　外・管

医学管理　　(薬情) 4 点＋ (手帳) 3 点

投　　薬　　【内服薬】② 　薬剤料６点×４日分

　　　　　　　ムコソルバン錠 15mg（11.4 円×3T）＝34.2 円

　　　　　　　アレルギン散 1%（7.5 円×3g）＝22.5 円

　　　　　　　　56.7 円÷10 円＝5.67→6 点（小数点第一位以下五捨五超入）

　　　　　　　調剤料１１点（内服）、処方料４２点

★3月28日
　　再　　診　　７５点＋５２点
　　　　　　　　　<small>所定点数　外・管</small>

　　医学管理　　(薬情)４点＋(手帳)３点
　　投　　薬　　【外用薬】③　薬剤料４９点×１

　　　　　　　　ﾓｰﾗｽﾊﾟｯﾌﾟ XR240mg(49.2円×10枚)＝492円

　　　　　　　　492円÷10円＝49.2円→49点(小数点第一位以下五捨五超入)

　　　　　　　　調剤料８点（外用）、処方料４２点

　　画　　像　　左足単純Ｘ－Ｐ(ｱﾅﾛｸﾞ撮影)(四×2)　１６７点

　　　　　　　　診断料…43点＋(43点×1/2)＝64.5→65点

　　　　　　　　撮影料…60点＋(60点×1/2)＝90点

　　　　　　　　ﾌｨﾙﾑ料…12.4点→12点

第54回　医療事務（医科）能力検定試験3級　模範解答

【個別問題】

第1問　30点（各3点×10ヶ所）

	①	②	③	④	⑤
法別番号	06	01	07	33	02
窓口徴収額	2,590 円	2,680 円	2,850 円	6,590 円	5,180 円

〈窓口徴収額算定方法〉

① 1,296 点×10 円×2 割＝2,592 円→2,590 円（10 円未満四捨五入）

② 893 点×10 円×3 割＝2,679 円→2,680 円（10 円未満四捨五入）

③ 950 点×10 円×3 割＝2,850 円（10 円未満四捨五入）

④ 2,198 点×10 円×3 割＝6,594 円→6,590 円（10 円未満四捨五入）

⑤ 1,726 点×10 円×3 割＝5,178 円→5,180 円（10 円未満四捨五入）

第2問　10点（各2点×5ヶ所）

①	②	③	④	⑤
×	×	×	○	○

〈解説〉

① 投薬料における特定疾患処方管理加算は、**初診の日においても算定できる。**

② 初診時に行った検査の結果のみを聞きに来た場合であっては、当該初診に付随する一連の行為とみなされ、**別に再診料を算定する**ことはできない。

③ 患者が異和を訴え診療を求めた場合において、診断の結果、疾病と認める徴候がない場合にあっても**初診料を算定できる。**

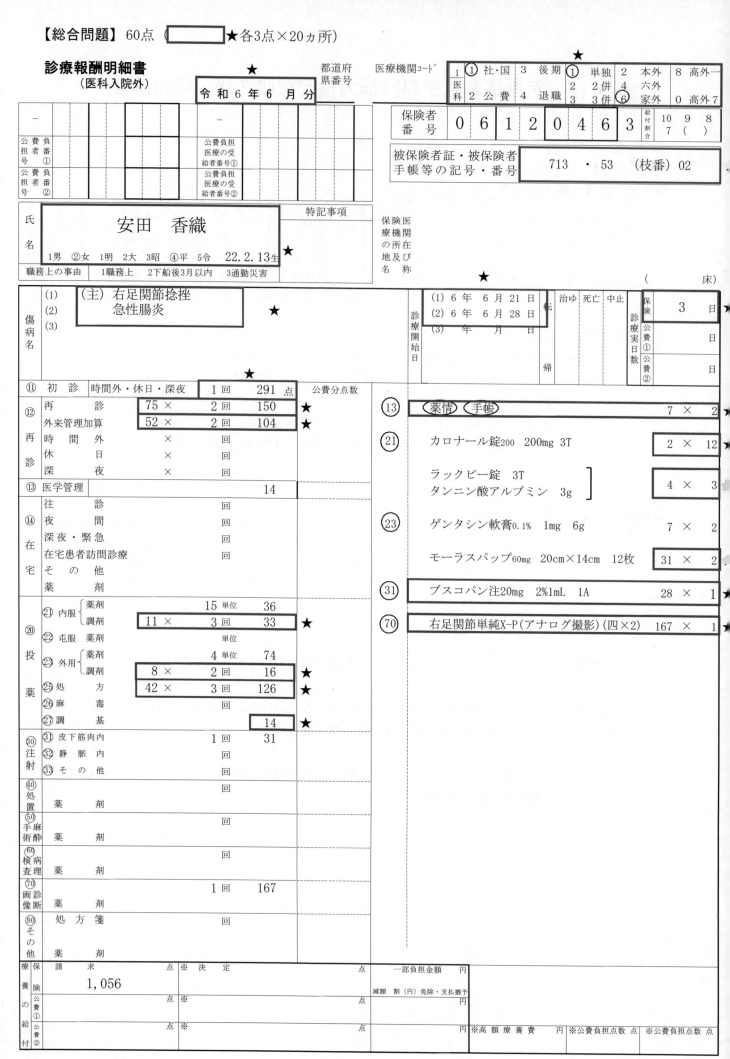

【総合問題】 60点（　　　　★各3点×20ヵ所）

★

診療報酬明細書
（医科入院外）

都道府県番号　医療機関コード

★ 令和 6 年 6 月 分

1 医科	① 社・国　3 後期 2 公費　4 退職	① 単独　2 2併　3 3併	2 本外　4 六外　⑥ 家外　8 高外一　0 高外7

保険者番号	0 6 1 2 0 4 6 3	給付割合	10 9 8 7 ( )

公費負担者番号①		公費負担医療の受給者番号①	
公費負担者番号②		公費負担医療の受給者番号②	

被保険者証・被保険者手帳等の記号・番号　713 ・ 53 （枝番） 02

氏名　安田　香織

1男 ②女 1明 2大 3昭 ④平 5令　22. 2. 13生 ★

特記事項

職務上の事由　1職務上　2下船後3月以内　3通勤災害

保険医療機関の所在地及び名称

（　　床）

★

傷病名	診療開始日	転帰	診療実日数
(1) (主) 右足関節捻挫	(1) 6 年 6 月 21 日	治ゆ　死亡　中止	保険 3 日 ★
(2) 急性腸炎 ★	(2) 6 年 6 月 28 日		公費① 日
(3)	(3) 年 月 日		公費② 日

★

区分	項目		回数	点数	
⑪ 初診	時間外・休日・深夜		1 回	291 点	
⑫ 再診	再診	75 ×	2 回	150	★
	外来管理加算	52 ×	2 回	104	★
	時間外	×	回		
	休日	×	回		
	深夜	×	回		
⑬ 医学管理				14	
⑭ 在宅	往診		回		
	夜間		回		
	深夜・緊急		回		
	在宅患者訪問診療		回		
	その他				
	薬剤				
⑳ 投薬	㉑ 内服 薬剤		15 単位	36	
	㉑ 内服 調剤	11 ×	3 回	33	★
	㉒ 屯服 薬剤		単位		
	㉓ 外用 薬剤		4 単位	74	
	㉓ 外用 調剤	8 ×	2 回	16	★
	㉕ 処方	42 ×	3 回	126	★
	㉖ 麻毒		回		
	㉗ 調基			14	★
㉚ 注射	㉛ 皮下筋肉内		1 回	31	
	㉜ 静脈内		回		
	㉝ その他		回		
㊵ 処置			回		
	薬剤				
(50) 手術・麻酔			回		
	薬剤				
(60) 検査・病理			回		
	薬剤				
(70) 画像診断			1 回	167	
	薬剤				
(80) その他	処方箋		回		
	薬剤				

公費分点数

区分	内容	点数
⑬	薬情　手帳	7 × 2 ★
㉑	カロナール錠200　200mg 3T	2 × 12 ★
	ラックビー錠　3T タンニン酸アルブミン　3g	4 × 3
㉓	ゲンタシン軟膏0.1%　1mg　6g	7 × 2
	モーラスパップ60mg　20cm×14cm　12枚	31 × 2
㉛	ブスコパン注20mg　2%1mL　1A	28 × 1 ★
(70)	右足関節単純X-P（アナログ撮影）（四×2）	167 × 1 ★

療養の給付	請求	※決定	一部負担金額
保険	1,056 点	点	円 減額 割（円）免除・支払猶予
公費①	点	※ 点	円
公費②	点	※ 点	円

※高額療養費　円　※公費負担点数　点　※公費負担点数　点

第 54 回　医療事務（医科）能力検定試験 3 級　解説

（安田　香織／診療所・外来）

★6 月 21 日
　　　初　　診　　２９１点
　　　　　　　　　所定点数

　　　医学管理　　㊙薬情㊙ 4 点＋㊙手帳㊙ 3 点

　　　投　　薬　　【内服薬】①　薬剤料２点×３日分

　　　　　　　　　カロナール錠 200　200mg 錠（5.9 円×3T）＝17.7 円

　　　　　　　　　17.7 円÷10 円＝1.77→2 点（小数点第一位以下五捨五超入）

　　　　　　　　　【外用薬】　薬剤料７点×１総量

　　　　　　　　　ゲンタシン軟膏（11.0 円×6ｇ）＝66 円
　　　　　　　　　66 円÷10 円＝6.6→7 点（小数点第一位以下五捨五超入）

　　　　　　　　　　　薬剤料３０点×１総量

　　　　　　　　　モーラスパップ 60 mg　20 ㎝×14 ㎝（24.6 円×12 枚）＝295.2 円
　　　　　　　　　295.2 円÷10 円＝29.52→30 点（小数点第一位以下五捨五超入）

　　　　　　　　　調剤料１１点（内服）８点（外用）、処方料４２点、調基１４点（薬剤師常勤）

　　　画　　像　　右足首単純Ｘ－Ｐ（ｱﾅﾛｸﾞ撮影）（四×2）　１６７点

　　　　　　　　　診断料…43 点＋（43 点×1/2）＝64.5→65 点

　　　　　　　　　撮影料…60 点＋（60 点×1/2）＝90

　　　　　　　　　ﾌｨﾙﾑ料…12.4 点→12 点

★6 月 26 日
　　　再　　診　　７５点＋５２点
　　　　　　　　　所定点数　　外・管

　　　投　　薬　　【内服薬】①　薬剤料２点×６日分

　　　　　　　　　ｄｏのため 21 日と同様に算定
　　　　　　　　　調剤料１１点（内服）８点（外用）、処方料４２点、

★6 月 28 日
　　　再　　診　　７５点＋５２点
　　　　　　　　　所定点数　　外・管

　　　医学管理　　㊙薬情㊙ 4 点＋㊙手帳㊙ 3 点

　　　投　　薬　　【内服薬】　薬剤料４点×３日分

　　　　　　　　　ラックビー錠 1 錠（5.9 円×3T）＝17.7 円

　　　　　　　　　タンニン酸アルブミン 1g（7.0 円×3g）21.0 円

　　　　　　　　　（17.7 円＋21.0 円）÷10 円＝3.87→4 点（小数点第一位以下五捨五超入）

　　　　　　　　　調剤料１１点（内服）、処方料４２点

注　射　【iM】手技料２５点＋薬剤料６点

　　　　ブスコパン注2%1mℓ1管（59.0円×1A）＝59円

　　　　59.0円÷10円＝5.9点→6点(小数点第一位以下五捨五超入)

第55回　医療事務（医科）能力検定試験3級　模範解答

【個別問題】
第1問　30点（各3点×10ヶ所）

	①	②	③	④	⑤
法別番号	31	なし	06	34	01
窓口徴収額	10,400円	4,130円	2,500円	5,950円	2,880円

〈窓口徴収額算定方法〉

① 3,468点×10円×3割＝10,404円→10,400円（10円未満四捨五入）

② 1,375点×10円×3割＝4,125円→4,130円（10円未満四捨五入）

③ 834点×10円×3割＝2,502円→2,500円（10円未満四捨五入）

④ 2,973点×10円×2割＝5,946円→5,950円（10円未満四捨五入）

⑤ 961点×10円×3割＝2,883円→2,880円（10円未満四捨五入）

第2問　10点（各2点×5ヶ所）

①	②	③	④	⑤
○	×	×	×	○

〈解説〉

② 時間外緊急院内画像診断加算は、**他の医療機関で撮影されたフィルムを診断した場合は算定できない。**

③ 注射にあたって、**麻薬を使用した場合は、麻薬注射加算として手技料に5点を加算する。**

④ **1回の処方にかかる調剤料として、その剤数・日数又は調剤した量にかかわらず所定点数を処方料算定時にまとめて算定する。**

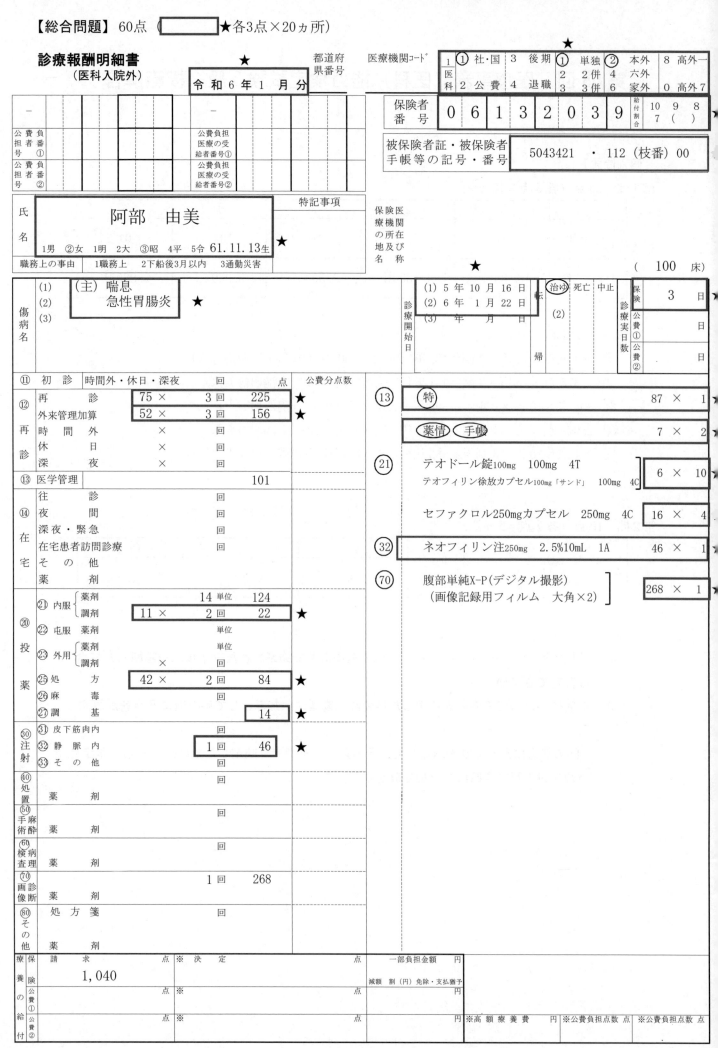